DISCOURS

prononcé

AUX OBSÈQUES

DE

MADAME CHATELARD

(HENRIETTE-JACOBÉE-DOROTHÉE,

le 11 mars 1868

PAR

M. BUHLMANN

pasteur à l'église de Saint-Thomas, à Strasbourg.

STRASBOURG

TYPOGRAPHIE DE G. SILBERMANN

1868.

Notre aide soit au nom de Dieu, le Père, le Fils et le Saint-Esprit. *Amen.*

Bien-aimés en Jésus-Christ,

Étant assemblés ici devant Dieu, dans le sentiment d'une charité fraternelle, à l'occasion du délogement de notre vénérée sœur, Mme Chatelard, pour pleurer avec ceux qui pleurent, et en même temps pour nous occuper de l'éternité, commençons par nous recueillir et disons à Dieu :

Seigneur Dieu tout-Puissant, notre bon Père céleste, tu nous vois ici en ta sainte présence, humiliés sous ta main puissante et marchant en habit de deuil, à cause de la plaie que tu as faite au milieu de nous. Nous venons à toi, Seigneur ; aie pitié de nous. — Nous te remercions de la longue vie que tu as donnée, comme un temps de grâce, sur la terre, à notre vénérée défunte, et nous te louons des bénédictions nombreuses dont tu l'as environnée. En elle s'est accomplie à la lettre, cette promesse sortie de ta bouche: « Je vous ai porté dès votre naissance ; je serai le même jusqu'à votre vieillesse ; je me chargerai de vous jusqu'à votre blanche vieillesse, et je vous délivrerai. » Oui, tu l'as fait, Seigneur, notre Dieu. En la recevant dans ton alliance et dans ton Église, tu lui as montré, par Jésus, le chemin qui mène à ton éternel repos. Tu l'as délivrée ; tu l'as conduite, par ta Providence, à travers la vie, pendant une longue suite d'années ; tu as parlé à son cœur par de nombreuses expériences, et maintenant que tu l'as rassasiée de jours, dans le temps, nous espérons de ta miséricorde, en Jésus-Christ, que tu veux la rassasier de repos, de paix et de joie, dans l'éternité.

Mais, Seigneur, par son délogement, plusieurs d'entre nous sont abattus; ils sont affligés; leur cœur est brisé. O Dieu des consolations, toi qui te tiens près de tels cœurs et qui dis à ceux qui sont troublés : « Prenez courage, je suis votre Dieu, » viens soutenir ceux qui mènent deuil; répands le baume de ta grâce sur leur blessure; ranime leur foi; vivifie leur espérance et fais-leur la grâce de pouvoir dire avec Jésus en Gethsémané : « Que ta volonté soit faite! »

Seigneur, donne-nous, à tous, un ardent désir d'être à toi, et quel que soit le nombre des jours que tu nous destines ici-bas, fais-nous souvenir que tous nos moments doivent être employés à nous préparer chrétiennement à la vie à venir, afin que, au moment de quitter la terre, chacun de nous puisse dire, avec confiance et avec joie : « Tu laisses maintenant aller ton serviteur en paix, car mes yeux ont vu ton salut. » *Amen.*

Bien-aimés en Jésus-Christ,

Il a plu au Seigneur d'appeler à lui Mᵐᵉ Henriette-Jacobée-Dorothée Chatelard, née Ettlinger. Elle naquit à Gernsbach, dans le grand-duché de Bade, le 4 septembre 1777. Épouse de feu M. Louis-Barthélemy Chatelard, colonel d'infanterie, elle partagea avec son mari, pendant les guerres d'Italie du premier Empire, les dangers de la vie des camps. A l'époque de la campagne de Russie, elle retourna seule dans son lieu natal et se consacra à l'éducation de ses deux chères enfants, devenues dans la suite, les épouses dévouées, l'une de M. Barthélemy, l'autre de M. Silbermann.

Après que, en 1844, Mme Chatelard eut eu la douleur de perdre son mari, elle accepta avec reconnaissance la proposition que lui firent M. et Mme Silbermann de venir passer les hivers avec eux. En été, elle habitait sa campagne à Dorlisheim. C'est ainsi qu'elle vieillit, devenant successivement pour une autre génération la « bonne grand'mère » et pour les arrière-petits-enfants la « bien-aimée bisaïeule. » Jusqu'à la fin de son existence, Mme Chatelard, par une bonté exceptionnelle de Dieu, conserva dans son cœur, à côté de la parfaite clarté de ses facultés, des trésors d'affection, qu'elle prodiguait avec bonheur à tous ceux qui l'approchaient.

Son délogement fut calme et paisible. Elle s'endormit comme s'éteint la lampe, faute d'huile. Ce fut lundi, peu après six heures du matin, que se termina sa carrière terrestre, qui comprend quatre-vingt-dix ans six mois et cinq jours.

Que la paix de Dieu soit avec son âme! Nous la remettons avec confiance entre ses mains paternelles.

Quant à vous, mes bien-aimés, douloureusement éprouvés à l'occasion de la mort de votre vénérée mère, fortifiez-vous en Dieu par la foi, regardant à Jésus, le triomphateur de la mort et le vainqueur du sépulcre.

Les paroles de nos saints livres dont j'ai fait choix pour les méditer dans cette douloureuse circonstance, se lisent au Psaume 92, 14-16 : « Étant plantés dans la maison de l'Éternel, les justes fleuriront dans les parvis de notre Dieu. Ils porteront encore des fruits dans la vieillesse toute blanche ; ils seront en vigueur et se tiendront verts, afin d'annoncer que l'Éternel est droit. Il est mon rocher, et il n'y a point d'injustice en lui. »

Mes Frères,

Une sœur vénérée vient de déposer son bâton de pèlerin. Un noble cœur a cessé de battre.

Mme Chatelard était une âme privilégiée, à laquelle le Seigneur, dans sa bonté, avait dispensé des bénédictions nombreuses.

A ne considérer que ce qu'il y a de plus extérieur dans l'homme et de plus passager, quels bienfaits que cette vie exceptionnellement prolongée, cette préservation d'infirmités graves, cette existence à l'abri de tout besoin, ce délogement paisible et, jusqu'à la fin, cette pleine possession des facultés !

Envisageant ensuite ce qu'il y a dans l'homme de plus élevé, de divin : la vie de l'âme, les aspirations religieuses, la préparation chrétienne à la vie à venir : quelles grâces de Dieu efficaces dans la vie de notre chère sœur défunte !

Dans le désir de la dédommager, par des entretiens pastoraux, de la privation qu'elle éprouvait à ne plus pouvoir participer, avec les fidèles, à la célébration des offices religieux, j'allais la voir fréquemment. Nous causions ensemble d'une foule de sujets, du passé et des précieuses expériences qu'il laisse, du temps de grâce que le présent nous offre, de l'avenir avec ses espérances ; nous parlions des membres bien-aimés de sa famille, de ceux qui étaient près, comme de ceux qui

étaient loin. Elle me disait avec émotion les témoignages
de filiale sollicitude dont, de la part de tous, elle était
l'objet, et à ces pensées, sa figure s'illuminait; des
larmes de gratitude humectaient ses yeux; heureuse et
reconnaissante, les mains jointes et le regard levé, elle
disait : « Le Seigneur est si bon pour moi ! » D'autres
fois, c'est à la société de ses livres de prière qu'elle
faisait allusion, et entrant, le sachant ou ne le sachant
pas, dans la pensée du Seigneur, elle ajoutait : « Je ne
suis jamais seule ; ils sont toujours avec moi. » Et quand,
à mon tour, profitant de cet ordre d'idées, je provo-
quais, ce qui était facile, un entretien plus spécialement
religieux, c'est avec édification que je l'entendais dire :
« Je ne mets ma confiance que dans la miséricorde de
mon Dieu. Moi aussi, je suis une pauvre pécheresse et
ai besoin de la grâce de mon Sauveur. » Un jour même,
je ne sais plus à quel propos, elle crut de son devoir
de mettre, par une protestation énergique, sa foi à
l'abri des atteintes d'une critique contemporaine néga-
tive : « Ah, me dit-elle, je veux garder mes convic-
tions ! » Précieuses communications qui me procuraient
à moi, auditeur, plus de bénédictions que celles que,
comme pasteur, j'étais dans le cas de lui offrir.

Vous ne trouverez pas étrange, mes Frères, je l'es-
père, que j'aie mentionné ces détails et vous n'y verrez
point d'indiscrétion de ma part, ni de désir de panégy-
rique. En les mentionnant, je ne voulais pas exalter la
chère défunte, j'avais seulement à cœur de montrer
que ses traits dominants avaient été : une grande humilité, une reconnaissance émue, un pressant besoin
de grâce. Oui, voilà quelle a été pour moi Mme Chatelard, et à la pensée de l'existence de ces traits, je suis

autorisé à emprunter au Psalmiste son langage inspiré et à dire : « Mme Chatelard fleurissait dans les parvis de notre Dieu. Même dans la vieillesse toute blanche, elle portait des fruits, » fruits de repentance, de gratitude, de sincère attachement à son Sauveur, ne cessant de répéter : « L'Éternel est droit. Il est mon rocher. Il n'y a point d'injustice en lui. »

Et ces fruits existaient dans le cœur de notre vénérée défunte, parce qu'il y avait en elle quelque chose qui les y faisait naître, je veux dire : une foi simple et naïve. Quand de splendides rayons dorent de leur éclat le soir d'une belle journée, c'est que le plein midi déjà a purifié l'air ; quand le soir d'une longue vie reçoit l'empreinte d'une humilité si profonde et d'une gratitude si émue, c'est que longtemps auparavant déjà, la foi chrétienne a animé cette âme. Oui, c'est à « la foi » que sont dus ces sentiments. C'est elle qui est la mère des vertus évangéliques. C'est elle qui produit les beaux fruits de sanctification morale et de vie chrétienne.

Eh bien, cette foi animait notre bonne Mme Chatelard. Avec le langage du Psaume, je dirai : Notre vénérée sœur « était plantée dans la maison de l'Éternel. » Établie dans la communion de son Dieu depuis que les eaux du saint baptême avaient été versées sur son front, fortifiée dans l'alliance par la lecture et la méditation de la Parole sainte, elle eut le rare privilége d'y être affermie par le fruit précieux de nombreuses expériences, et elle y demeura, jusqu'au terme de sa carrière, par la vigilance, la prière et la célébration renouvelée du sacrement de l'Eucharistie. Heureuse l'âme que le Seigneur, à son arrivée, trouve ainsi préparée !

Mais béni en soit le Seigneur lui-même ! Notre bien-aimé Sauveur Jésus, en parlant, dans une touchante parabole, de l'union intime qui doit exister entre Lui et le fidèle, dit : « Je suis le cep ; mon Père est le vigneron ; vous êtes les sarments ; il émonde tout sarment qui porte du fruit, afin qu'il en porte davantage ; » eh bien, Dieu, dans sa bonté, a pu faire cette œuvre divine dans l'âme de notre chère défunte. Il l'a émondée et lui a fait porter plus de fruits. Il l'a préparée à en porter davantage encore dans la bienheureuse éternité. Que sa divine grâce en soit bénie !

Mais que vous aussi vous en soyez bénis, vous, mes bien-aimés, qui êtes douloureusement frappés maintenant dans de chères affections. Vous vous attendrissez aujourd'hui au souvenir du délogement de votre mère vénérée ; — cependant, faites comme l'Église chrétienne, émue aussi en ce temps, au souvenir de la passion et de la mort de son divin Chef, mais également réjouie, à cette heure déjà, à la pensée de la solennité de Pâques ; — comme elle, réjouissez-vous à la pensée de la résurrection de votre chère défunte.

> Oui, saluez à l'avance
> Cette terre nouvelle, ces nouveaux cieux,
> Cette sainte cité, dont l'espérance
> Sèche les larmes dans nos yeux.

C'est la foi qui fait naître cette joie.

> La foi voit Jésus dans la gloire,
> Avec les siens près du Dieu fort ;
> Le sépulcre perd sa victoire
> Et la vie engloutit la mort.

Que cette « foi » vous révèle ces perspectives radieuses ! Que, pour la douce consolation de votre cœur affligé, elle vous en montre les magnifiques horizons dans la bienheureuse éternité !

Qu'elle nous les montre aussi à nous, mes Frères, qui rendons en ce moment à notre amie vénérée les devoirs suprêmes! C'est la foi chrétienne qui donne à chacun son empreinte et sa valeur. Acceptant de la part du Seigneur l'offre toute gratuite de la rémission des péchés, nous revêtant des mérites du divin Sauveur, elle nous justifie devant Dieu; elle forme ensuite notre caractère moral ; elle nous met en garde contre l'ingratitude, et nous préserve de découragement; déjà maintenant elle anéantit pour nous l'effroi de la mort; elle nous fait triompher du sépulcre et du jugement, et à l'heure suprême, c'est elle qui nous rassurera, en nous faisant répéter avec le Roi-prophète de l'ancienne Alliance : « Seigneur, ton bâton et ta houlette nous consolent! »

Que dans le temps de grâce qui nous est aujourd'hui dispensé et à l'occasion du deuil qui nous réunit ici, cette conviction se fortifie en nous! Que maintenant déjà, grâce à elle, nous vivions ici-bas, comme citoyens des cieux, riches en fruits de repentance et de vie chrétienne....., afin de trouver par elle, un jour, à notre tour, avec nos bien-aimés, une place dans les demeures éternelles que Jésus est allé nous préparer dans la maison de son Père. Ainsi soit-il!

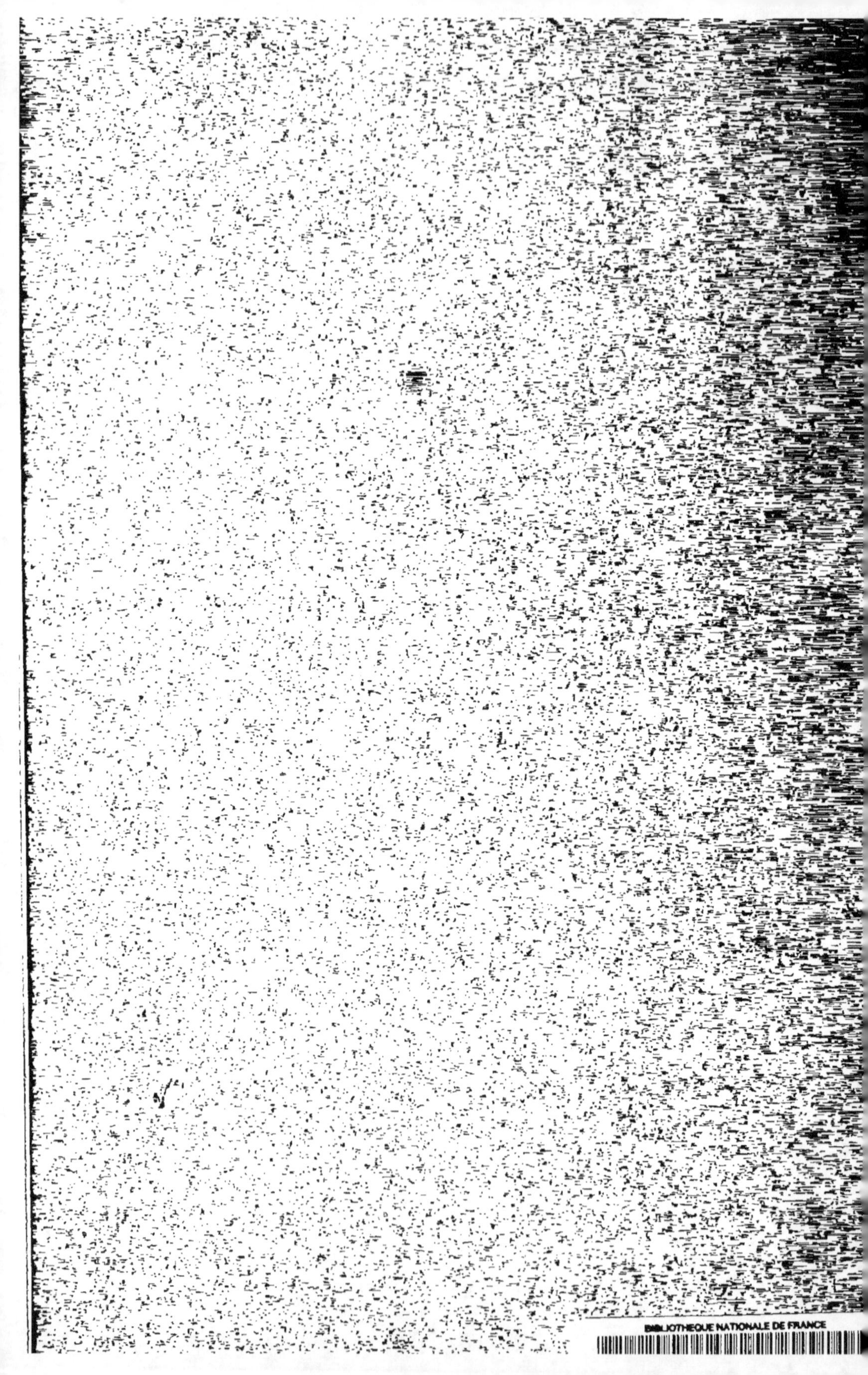